Mandelstam
Anna Ajmátova

colección otras latitudes

Mandelstam
Anna Ajmátova

Traduccion de
Marta Sánchez-Nieves y
Arturo Peral

Nørdicalibros
2020

© De los textos en ruso de Anna Ajmátova: Margarita Novgorodova, 2020

Spanish publishing rights are acquired via FTM Agency, Ltd., Russia, 2018

© De la traducción: Marta Sánchez-Nieves y Arturo Peral

© De esta edición: Nórdica Libros, S. L.

Avda. de la Aviación, 24, bajo P CP: 28054 Madrid
Tlf: (+34) 917 055 057 - info@nordicalibros.com
www.nordicalibros.com

Primera edición en Nórdica Libros: marzo de 2020

ISBN: 978-84-18067-27-3

Depósito Legal: M-6660-2020

IBIC: FA

Impreso en España / *Printed in Spain*

Imprenta Kadmos

(Salamanca)

Diseño de colección: Ignacio Caballero

Maquetación: Diego Moreno

Corrección ortotipográfica: Victoria Parra y Ana Patrón

NOTA DE LOS TRADUCTORES

Dicen algunas teorías de traducción de poesía que aquello que rima en el original debe rimar en la traducción. También hay quien dice que, si traducimos poesía, no traducimos de una lengua a otra, sino de un poema a otro poema. Quienes esta traducción firman han intentado mantenerse fieles a estos dos principios; por eso, en el caso de los poemas de Mandelstam el lector encontrará rima en casi todos los poemas. En los pocos casos en los que no, se debe a que el contenido, el significado de las palabras elegidas por el poeta, les ha parecido a los traductores mucho más importante que el recurso de la rima, así que han primado otros elementos (ritmo interno, número de sílabas de los versos) para procurar que los poemas no dejen de serlo. Y este ha sido el criterio seguido también en el caso de los de Anna Ajmátova, aunque solo uno de los tres tenía rima en el original.

Para terminar, los dos traductores quieren expresar su agradecimiento a Celia Sánchez-Nieves Plana, cuya

ayuda y aportaciones fueron primordiales en la primera fase de la revisión de las páginas de los diarios de
Ajmátova.

PÁGINAS DE UN DIARIO
SOBRE MANDELSTAM

I

... 28 de julio de 1957

... y la muerte de Lozinski[1] de alguna forma cortó el hilo de mis recuerdos. No me atrevo a recordar algo que él ya no puede confirmar (sobre el Taller de los Poetas, el acmeísmo, la revista *El Hiperbóreo*, etc.). A causa de su enfermedad, los últimos años nos vimos muy poco, y no me dio tiempo a terminar de hablar con él de algo muy importante y a leerle mis versos de los años treinta (es decir, *Réquiem*). Es muy probable que por eso él, en cierta medida, continuara viendo en mí a aquella a la que una vez conoció en Tsárskoie Seló. Algo que averigüé en 1940, mientras mirábamos juntos las correcciones de la antología *De seis libros*.

---

[1] Mijaíl Leonídovich Lozinski (1886-1955), poeta acmeísta, editor de la revista *Apolón*, traductor y uno de los creadores de la escuela soviética de traducción poética. *(Si no se indica otra cosa, las notas son de los traductores)*.

Algo parecido me sucedió con Mandelstam (quien, claro está, conocía todos mis versos), pero de una manera diferente. No sabía recordar, más bien para él recordar era un proceso —al que no voy a poner nombre ahora—, uno que no cabe duda de que estaba cercano a la creación. (Un ejemplo: San Petersburgo en *El ruido del tiempo* visto con los ojos resplandecientes de un niño de cinco años).

Mandelstam era uno de los interlocutores más brillantes: se escuchaba no solo a sí mismo y respondía no solo a sí mismo, tal como hacen ahora casi todos. Al hablar era cortés, agudo e infinitamente variado. Nunca oí que se repitiera o que hablara con temas manidos. Ósip Mandelstam aprendía idiomas con increíble facilidad. Recitaba de memoria en italiano páginas y páginas de *La divina comedia*. Poco antes de morir le pidió a Nadia que le enseñara inglés, del que no sabía nada. De poesía hablaba deslumbrando, con pasión y, a veces, era extraordinariamente injusto, como con Alexander Blok, por ejemplo. De Pasternak decía: «Pienso tanto en él que estoy hasta cansado» y «Estoy seguro de que no ha leído ni una sola de mis líneas». De Marina: «Soy anti-Tsvietáieva».

Con la música se sentía como en casa, algo que es una peculiaridad realmente rara. Lo que más temía en el mundo era su propia mudez. La llamaba asfixia. Cuando lo sorprendía, se agitaba espantado e inventaba motivos absurdos para explicar el desastre.

Su segunda y frecuente aflicción eran los lectores. Continuamente le parecía que gustaba justo a los que no debía. Sabía bien y recordaba versos ajenos, a menudo se quedaba prendado de líneas sueltas, memorizando con facilidad lo que le leían. Por ejemplo:

En el barro tibio tras el paso de los corceles
cae el vestido blanco del hermano de la nieve...[2]

Solo lo recuerdo en su voz. ¿De quién es?

Le gustaba hablar de lo que él llamaba su «estatuismo». A veces, deseando entretenerme, me contaba disparates agradables. Como los versos de Mallarmé *La jeune mère allaitant son enfant*, que en su primera juventud había traducido así: «La joven madre que amamanta en sueños»[3]. Nos hacía reír tanto que nos caíamos sobre el diván de Tuchka,[4] al que le sonaban todos los muelles, y soltábamos carcajadas hasta que nos daba un síncope, igual que a las muchachas de la pastelería[5] en el *Ulises* de Joyce.

---

[2] Cita incorrecta del inicio del poema «Noviembre» de Tijon V. Churilin (1885-1946). El poema reza: «En el barro tibio tras el paso de los corceles / cayó el vestido ligero del hermano Nieve».

[3] En francés, «la joven madre que amamanta a su hijo». Mandelstam juega con el posesivo francés *son*, 'sueño' en ruso.

[4] Literalmente 'nubecilla', nombre con el que Nikolái Gumiliov, primer marido de la autora, y Ajmátova llamaban a la habitación en la que vivían en la travesía Tuchkov.

[5] En el original de los diarios aparece la palabra *kodaterskie*, palabra inexistente en ruso que la mayoría de los críticos coinciden en interpretar como *konditérskie*, 'de confitería, de pastelería'. Así lo hemos hecho también nosotros.

Conocí a Ósip Mandelstam en La Torre de Viacheslav Ivánov en la primavera de 1911. Entonces era un muchacho flacucho con un lirio de los valles en el ojal, con la cabeza bien alta, de ojos llameantes y pestañas larguísimas, casi hasta las mejillas. Lo vi por segunda vez en casa de Tolstói en Staro-Nevski; no me reconoció y Alexéi Nikoláievich se puso a hacerle preguntas sobre la mujer de Gumiliov, y él indicó con las manos cómo era de grande el sombrero que yo había llevado. Me asusté por si sucedía algo irreparable y me di a conocer.

Ese fue mi primer Mandelstam, el autor del tierno *Piedra* (ed. Akmé) con esta dedicatoria: «A Anna Ajmátova, chispazos de conocimiento en la desmemoria de los días. Respetuosamente, el autor».

Con esa encantadora autoironía propia de él, a Ósip le encantaba contar que el viejo judío dueño de la tipografía donde se había imprimido *Piedra*, al felicitarle por la aparición del libro, le había estrechado la mano y dicho: «Joven, usted escribirá cada vez mejor».

Lo veo entre la niebla-humo ligero de la isla Vasílievski y en el antiguo restaurante Kinshi (esquina de la Segunda Linia con la avenida Bolshói; ahora hay una peluquería), donde cuenta la leyenda que una vez Lomonósov se gastó en bebida un reloj del estado, y a donde nosotros (Gumiliov y yo) a veces íbamos a desayunar desde Tuchka. En Tuchka no hubo ninguna reunión ni podría haberla habido. No era más que la habitación de estudiante de Nikolái

Stepánovich, donde no había ni donde sentarse. La descripción de las *five-o-clock* en Tuchka (Gueorgui Ivánov,[6] *Los poetas*) es un invento de la primera a la última palabra. N. V. Nedobrovo no cruzó el umbral de Tuchka.

Este Mandelstam es el colaborador generoso, si no es el coautor, de *Antología de tonterías clásicas*, que los miembros del Taller de los Poetas componían (casi todos excepto yo) a la hora de la cena: «Lesbia, ¿dónde has estado?», «El hijo de Leónidas era un avaricioso».

—Peregrino, ¿de dónde vienes? —De casa de Shilei.[7]
Vive de maravilla, siempre hay ganso para comer,
le basta con rozar un botón y ya tiene la luz.
Si en Cuarta Rozhdéstvenskaia tienen tal categoría,
te ruego, peregrino, di, ¿quiénes viven en la Octava?

Creo recordar que es un trabajo de Ósip. Zenkévich es de la misma opinión.

Epigrama sobre Ósip:

Ceniza en el hombro izquierdo, y calla –
¡El terror de sus amigos! – El áureo-dentado.

(Era «El terror de los mares – el unidentado»).[8]

---

[6] Gueorgui Vladímirovich Ivánov (1894-1958), poeta y traductor ruso, uno de los más importantes de la emigración rusa posterior a la Revolución.

[7] Vladímir K. Shileiko (1891-1930), orientalista, poeta y traductor.

[8] Se parodia la traducción de Vasili A. Zhukovski de la balada de Schiller *Der Taucher*.

Es posible que fuera Gumiliov quien lo compuso. Cuando fumaba, Ósip siempre hacía por lanzar la ceniza por encima del hombro, pero lo habitual es que le creciera un montículo de ceniza en el hombro.

Quizá merezca la pena no olvidar los fragmentos de la parodia de un famoso soneto de Pushkin («El severo Dante no despreciaba el soneto») compuesta por el Taller:

Brussoff[9] los sonetos jamás despreciaba,
con ellos Ivánov coronas tejía,
su son al esposo de Aneta gustaba,
Voloshin gruñía, mas con simpatía.
A otros poetas sus virtudes prendaban,
y Kuzmín de cochero los elegía
cuando raquetas y volante olvidaba,
y perseguía a Blok, cual caballería.
Vladímir Nárbut, ese ser tan lupino,
No recuerdo
.... con levita metafísica envolvió
y para él de Morávskaia desdeñó
Zenkévich hasta el rocío diamantino.

Y estos también son versos (letrillas) sobre esos viernes (creo que de V. V. Guippius):

1
Cada viernes en *El Hiperbóreo*
eclosionan rosas literarias
....

---

[9] Apellido afrancesado del poeta Valeri Yákovlevich Briúsov (1873-1924), poeta, traductor y literato, uno de los fundadores del simbolismo ruso.

Mijaíl Lozinski entra cual coloso
fumando y haciéndose el bromista,
y colma con gesto cariñoso
a su cría, su querida revista.

2

Nikolái Gumiliov la pierna
acaba de levantar
para una romántica siembra
de perlas que esparcirá.
Por más que en Tsárskoie Liova llore.
Nikolái Gumiliov la pierna
acaba de levantar.

3

Con mirada triste y atrayente
a sus huéspedes Ajmátova examina.
Su tez de perfume fragante
a la piel de la almizclera imita.
Mira los ojos de todos los silentes…

4

…….............. Mandelstam Iósif,
en un landó acmeísta subido…

Hace poco se han encontrado unas cartas de Ósip
Emílievich a Viacheslav Ivánov (año 1909). Son las
cartas de un participante en la Proakademia[10] (de La
Torre). Es el Mandelstam simbolista. De momento no

---

[10] Se le dio este nombre a la primera reunión de la Sociedad de los Defensores de la Palabra Artística (ORJS en sus siglas en ruso) o Academia del Verso,
cuyas sesiones se celebraron en La Torre de V. Ivánov y que más tarde se trasla-
darían a la redacción del periódico *Apolón*.

hay indicios de que Viacheslav Ivánov le respondiera. Las escribió un chico de dieciocho años, pero podría jurarse que el autor de estas cartas tiene cuarenta. Hay numerosos versos. Son buenos, pero no tienen lo que nosotros llamamos Mandelstam.

Las memorias de la hermana de Adelaida Guertsyk[11] confirman que Viacheslav Ivánov no nos aceptaba. En 1911 Mandelstam no tenía ninguna consideración por Viacheslav Ivánov. El Taller boicoteaba la Academia del Verso. Véase un ejemplo:

Viacheslav, Veslav Ivánov,
robusto como una nuez,
la Academia de Divánov
ha puesto a rodar contra el Taller…

Cuando en 1914 Viacheslav Ivánov llegó a San Petersburgo, estuvo en casa de los Sologub en la calle Raziézzhaia. Una tarde excepcionalmente solemne y una cena espléndida. En el salón, Mandelstam se me acercó y me dijo: «Me parece que un *maître* es un espectáculo grandioso, pero dos es un poco ridículo».

En los años diez nos acabábamos encontrando por todas partes, naturalmente: en las redacciones, en casa de conocidos, en los viernes de *El Hiperbóreo*, es decir, en casa de Lozinski, en El Perro Vagabundo, donde,

---

[11] Yevguenia Kazimírovna Guertsyk (1879-1944), poeta, traductora y crítica.

por cierto, me presentó a Maiakovski. Una vez en El Perro, mientras todos cenaban ruidosamente y resonaba la vajilla, a Maiakovski se le ocurrió la idea de recitar versos. Ósip Emílievich se le acercó y le dijo: «Maiakovski, deje de recitar versos. Usted no es una orquesta rumana». Yo lo presencié (1912-1913). El ingenioso Maiakovski no fue capaz de responder, algo que contaba de forma muy cómica Járdzhiev. También nos veíamos en la Academia del Verso (la Sociedad de los Defensores de la Palabra Artística, donde reinaba Viacheslav Ivánov) y en las reuniones del Taller de los Poetas, hostiles a la Academia y donde muy pronto Mandelstam se convirtió en el primer violín. También entonces escribió el enigmático (y no muy acertado) poema «Un ángel negro sobre la nieve». Nadia[12] afirma que habla de mí.

Respecto a este ángel negro el asunto es, creo yo, bastante complicadÓ. El poema es flojo e incomprensible para el Mandelstam de entonces. Creo que nunca se publicó. Por lo visto, es el resultado de unas conversaciones con V. K. Shileiko, que le dijo algo parecido sobre mí. Pero Ósip por entonces «no sabía» (la expresión es suya) escribir versos «a una mujer y sobre una mujer». «Un ángel negro» es, probablemente, un primer ensayo, y así se explica su cercanía a mis líneas:

---

[12] Nadiezhda Yákovlevna Mandelstam, la mujer de Ósip.

Ángeles negros de alas afiladas,
el juicio final está muy cerca,
como rosas en la nieve congelada
florecen color frambuesa las hogueras.[13]

Mandelstam nunca me recitó estos versos. Sabido es que las conversaciones con Shileiko le inspiraron el poema «El egipcio».

Gumiliov apreció a Mandelstam enseguida. Se habían conocido en París (v. el final del poema de Ósip sobre Gumiliov). Allí se decía que Nikolái Stepánovich iba empolvado y con sombrero de copa:

Pero en Petersburgo el acmeísta me es más cercano
que el romántico Pierrot de París.

Los simbolistas nunca lo aceptaron.

Ósip Emílievich solía venir a Tsárskoie. Cuando se enamoraba, lo que sucedía con bastante frecuencia, varias veces fui su confidente. La primera que se quedó en mi memoria fue Anna Mijáilovna Zélmanova-Chúdovskaia, pintora, una beldad. Ella lo pintó sobre un fondo azul con la cabeza hacia atrás (¿en 1914?), en la calle Alexéievskaia. Él no le escribió versos a Anna Mijáilovna, de lo que se lamentaba amargamente: todavía no sabía escribir versos de amor. La segunda fue

---

[13] Este poema de Ajmátova está fechado en 1914. La fecha de escritura del de Mandelstam oscila entre 1913 y 1914.

Tsvietáieva, a quien iban dirigidos los versos de Crimea y de Moscú; la tercera, Salomeia Andrónikova (Andréieva, y ahora Galpern, a la que Mandelstam inmortalizó en el libro *Tristia*: «Cuando, Solóminka, no duermes en la enorme alcoba…». Recuerdo la espléndida alcoba de Salomeia en la isla Vasílievski).

Ósip Emílievich estuvo, en efecto, en Varsovia, y allí lo dejó estupefacto el gueto (M. A. Zenkévich también lo recuerda), pero del intento de suicidio que cuenta Gueorgui Ivánov ni siquiera Nadia ha oído hablar, y lo mismo sucede con su hija Lípochka, a la que se supone que ella dio a luz.

Al principio de la Revolución (año 1920), en un tiempo en que yo vivía en completa soledad y ni siquiera lo veía a él, estuvo un tiempo enamorado de Olga Arbénina, actriz del teatro Alexandrinski, que se había convertido en la esposa de Yuri Yurkun, y a la que escribió versos («Por no haber podido tus manos…», etc.). Aunque parecía que los originales se habían perdido durante el sitio de Leningrado, los he visto hace poco en casa de X.

A todas estas señoritas de antes de la Revolución (por cierto, me temo que a mí también) muchos años después las llamó «europeas dulces»:

Y de las bellas de entonces, de las europeas dulces,
¡cuánta confusión, esfuerzo y pena habré recibido!

Para Olga Waxell fueron unos versos admirables: «En su fría cama de Estocolmo…». Y también: «Si quieres, me quito las *válenki*».[14]

En los años 1933-1934, Ósip Emílievich estuvo tempestuosa y brevemente enamorado, sin ser correspondido, de María Serguéievna Petrovyj. A ella está dedicado, destinado para ser más exactos, el poema «Turca» (el título es mío), para mí el mejor poema de amor del siglo XX («Maestra de miradas culpables…»). María Serguéievna dice que había otro poema absolutamente mágico sobre una flor blanca. El manuscrito, por lo visto, se ha perdido. M. S. se sabe algunas líneas de memoria.

Espero que no haya que recordar que esta lista al estilo de un donjuán no supone una enumeración de las mujeres de las que Mandelstam fue íntimo.

La dama que «miró por encima del hombro» era a la que llamaban Biaka (Vera Artúrovna), por entonces compañera de S. Yu. Sudeikin, y actualmente esposa de Ígor Stravinski.

En Vorónezh Ósip trabó amistad con Natasha Shtémpel.

La leyenda de su entusiasmo por Anna Rádlova[15] no tiene fundamento alguno.

---

[14] Botas de caña alta forradas de lana, el calzado ruso por excelencia para el invierno.

[15] Anna Dmítrievna Rádlova (1891-1949), traductora y poeta, algunas de sus composiciones aparecieron en *Apolón*.

El *archistrategos* entró en el iconostasio…
En la calma nocturna olía a Valerián.[16]
El *archistrategos* me lanza preguntas
¿A dónde vas con esas […] trenzas
y el raso radiante de tus hombros…?

Es una parodia de los versos de Rádlova, la compuso para divertirse maliciosamente y no *par depit*, y con espanto fingido me cuchicheó en casa de alguien: «¡Le ha llegado al *archistrategos*!», es decir, que alguien le había hablado a Rádlova de este poema.

Los años diez fueron una época muy importante en la obra de Mandelstam, sobre esto todavía hay mucho que pensar y escribir. (Villon, Chadáiev, el catolicismo…). Y sobre su contacto con el grupo Guilea[17] deben verse las memorias de Zenkévich.

Mandelstam frecuentaba bastante las reuniones del Taller, pero para el invierno de 1913-1914 (tras la derrota del acmeísmo), empezamos a hartarnos del Taller e incluso presentamos a Gorodetski y a Gumiliov una solicitud —que escribimos Ósip y yo— para cerrarlo. Gorodetski redactó la resolución: «Hay que colgarlos a todos y encerrar a Ajmátova. Málaia,

---

[16] Alusión a Valerián Adólfovich Chudovski, filólogo y crítico literario, fiel caballero de Rádlova. Murió en los años treinta. *(N. de la A.)*.

[17] Pronunciación rusa de *Hylea*, nombre griego de la región de Táuride, en la desembocadura del Dniéper, donde crecieron los hermanos Burliuk, poetas, pintores y cofundadores de uno de los primeros grupos futuristas, del que formaron parte Jlébnikov y Maiakovski, entre otros.

n.º 63». Esto ocurrió en la redacción de *Apuntes del Norte*.

Como recuerdo de la estancia de Ósip en San Petersburgo en 1920, aparte de los maravillosos versos a O. Arbénina, han quedado los carteles aún vivos de esa época, descoloridos como estandartes napoleónicos, de las veladas de poesía donde el nombre de Mandelstam está al lado de los de Gumiliov y Blok. Todos los viejos letreros de San Petersburgo estaban aún en su sitio, pero detrás de ellos no había nada excepto polvo, tinieblas y un vacío entreabierto. Tifus, hambre, fusilamientos, oscuridad en los pisos, leña húmeda, gente hinchada hasta volverse irreconocible. En el mercado de abastos podías hacer un gran ramo de flores silvestres. Se pudrían las célebres fachadas laterales de San Petersburgo. De las ventanas del sótano de Kraft aún llegaba olor a chocolate. Todos los cementerios habían sido saqueados. No era solo que la ciudad hubiera cambiado, sino que se había vuelto su completa antítesis. Pero a la gente le gustaba la poesía (mayormente a los jóvenes) casi tanto como ahora, es decir, en 1964.

En Tsárskoie, que por aquel entonces era *Détskoie ímeni továrischa Urítskogo*, es decir, renombrado en honor del camarada Uritski, casi todos tenían cabras; no sé por qué, pero todas se llamaban Tamara.

En los años veinte Tsárskoie era algo inimaginable. Todas las cercas se habían quemadÓ. Encima de las tapas abiertas de las cañerías había camas oxidadas de los hospitales de sangre de la Primera Guerra; la hierba invadía las calles, caminaban y vociferaban gallos de todos los colores… El portalón de la casa, hasta hace poco magnífica, del conde Stenbock-Fermor estaba adornado con un cartel enorme: «Acaballadero». Pero, como cada otoño, en la calle Shirókaia los robles, los testigos de mi infancia, tenían el mismo olor acre, y los cuervos en las cruces de la catedral gritaban lo mismo que yo oía cuando pasaba por el jardín de la catedral camino de clase, y las estatuas en los parques nos miraban igual que en los años diez. En las figuras harapientas y terribles a veces reconocía a habitantes de Tsárskoie Seló. El mercado de abastos estaba cerrado.

Todos los compases y las liras de piedra…

Siempre me ha parecido que Pushkin hablaba de Tsárskoie Seló. Y más emocionante aún:

A las magníficas tinieblas del jardín ajeno,[18]

es la línea más insolente que haya leído u oído nunca (sin embargo «oscuridad sagrada» tampoco está mal).

---

[18] Ambos versos pertenecen al poema de Pushkin «Al inicio de la vida mi escuela recuerdo yo»; el primero de ellos, en realidad, reza: «Todo es compases y liras marmóreas».

ESBOZO DEL NATURAL

En lo que respecta al poema «De medio perfil», esta es la historia. En enero de 1914, Borís K. Pronin organizó una gran velada en El Perro Vagabundo, pero no en el sótano de siempre, sino en una sala grande en la calle Koniúshennaia. Los visitantes habituales se perdían allí entre la multitud de personas «extrañas» (es decir, ajenas a cualquier tipo de arte). Hacía calor, había mucha gente y ruido, la situación era bastante absurda. Al final nos hartamos y nos fuimos (unos veinte o treinta) a El Perro de la plaza Mijáilovski. Estaba oscuro y fresco. Yo estaba en el tablado hablando con alguien. Alguien en la sala empezó a pedirme que recitara versos. Recité algo sin cambiar de postura. Se acercó Ósip: «Tal como se erguía, así ha recitado», y algo más sobre un pañuelo (v. sobre Mandelstam en las memorias de V. S. Sreznévskaia). Otro esbozo del natural era la cuarteta «Los rasgos del rostro cambiantes». Mandelstam y yo estábamos en la estación de Tsárskoie Seló (años diez). Miraba a través del cristal de la cabina mientras yo hablaba por teléfono. Cuando salí, me recitó esas líneas.

SOBRE EL TALLER DE LOS POETAS

Reuniones del Taller de los Poetas desde noviembre de 1911 hasta abril de 1912 (es decir, nuestro viaje a Italia): aproximadamente quince reuniones (tres al mes). Desde octubre de 1912 hasta abril de 1913, aproximadamente diez reuniones (dos al mes). (No es poca ganancia para *Los trabajos y los días*, a los que, por cierto, creo que nadie se dedicaba). Yo (¡la secretaria!) enviaba las convocatorias; Lozinski me hizo una lista con las direcciones de los miembros del Taller. (Le di esta lista al japonés Narumi en los años treinta). En todas las convocatorias se pintaban unas liras. Esta también aparece en la cubierta de mi libro *La tarde*, en *Púrpura silvestre* de Zenkévich y en *Fragmentos escitas* de Yelizaveta Yúrievna Kuzminá-Karaváieva.

EL TALLER DE LOS POETAS, 1911-1914

Gumiliov y Gorodetski, síndicos; Dmitri Kuzmín-Karaváiev, legado; Anna Ajmátova, secretaria; Ósip Mandelstam, Vladímir Nárbut, M. Zenkévich, N. Bruni, Gueorgui Ivánov, Adamóvich, Vas. Guippius, María Morávskaia, Yelizaveta Kuzminá-Karaváieva, Cherniavski, M. Lozinski. Primera reunión en casa de los Gorodetski en Fontanka: estaban Blok, los franceses... La segunda fue en casa de Kuzminá-Karaváieva en la plaza Maniézhnaia, después en la nuestra en Tsárskoie (Málaia, n.º 63), en la de Lozinski en la isla Vasílievski, donde Bruni en la Academia de las Artes. El acmeísmo se decidió en nuestra casa de Tsárskoie Seló (Málaia, n.º 63).

II

Mandelstam recibió la Revolución habiendo madurado y siendo ya un poeta famoso, aunque en un círculo limitado.

Su alma estaba llena de todo lo que sucedía.

Fue de los primeros en empezar a escribir versos sobre temas civiles. La Revolución fue para él un gran acontecimiento y la palabra *pueblo* no aparece en sus poemas por casualidad.

Mandelstam y yo nos vimos con especial asiduidad en los años 1917-1918, mientras viví en la zona de Výborgskaia con los Sreznevski (Bótkinskaia, n.º 9), no en el manicomio, sino en el piso del médico jefe Viacheslav Viach. Sreznevski, marido de mi amiga Valeria Serguéievna.

Mandelstam venía a buscarme y luego paseábamos en coche de punto por los increíbles baches del invierno revolucionario, entre las célebres hogueras que ardieron prácticamente hasta mayo, oyendo el chasquido de los fusiles que se propagaba de a saber dónde. Así íbamos a los recitales en la Academia de las Artes, donde se sucedían las veladas a favor de los heridos y donde ambos recitamos unas cuantas veces. Ósip Mandelstam estuvo conmigo en el concierto de Butomo-Nazvánovaia en el conservatorio, donde ella interpretó a Schubert (v. «Nos cantaron a Schubert...»).

De esa época datan todos los versos a mí destinados: «No he buscado en los instantes florecientes...» (diciembre de 1917); conmigo tiene que ver una profecía extraña parcialmente cumplida:

Un día, en la capital alocada
junto al Nevá, en un festejo agresivo,

dejarán la bella cabeza despojada
del pañuelo durante un baile repulsivo…

«Es tu prodigiosa pronunciación…».

Además, en diferentes momentos me dedicó cuatro cuartetas:

1. «Quería usted ser un juego» (año 1911).

2. «Los rasgos del rostro cambiantes…» (años diez).

3. «Se acostumbra la abeja al abejero…» (años treinta).

4. «Cuando la amistad rozaba el abandono…» (años treinta).

Después de ciertas vacilaciones, me decido a recordar en estas notas algo que me vi obligada a explicar a Ósip: que no debíamos quedar con tanta frecuencia, que eso podía dar a la gente material para interpretar erróneamente nuestra relación. Poco después, hacia marzo, Mandelstam desapareció. Pero por entonces todo alrededor estaba tan devastado, era tan amorfo —unos desaparecían para siempre, otros no para siempre, y a todos nos parecía que, por alguna razón, estaban en la periferia (claro que no con el actual significado de esta palabra), y eso que no había ni centro (observación de Lozinski)—, que la desaparición de Ósip Emílievich no me sorprendió.

Ósip Mandelstam está en la travesía Tercera Zachátievski.[19]

En Moscú, Mandelstam se convierte en colaborador permanente de *El Estandarte del TrabajÓ*. Es posible que el enigmático poema «El teléfono» se refiera a esta época:

En este terrible y salvaje mundo
tú, amigo de las exequias nocturnas,
en el alto y severo gabinete
del suicida: ¡el teléfono!

Los lagos negros de asfalto están
surcados por furiosas pezuñas,
y pronto saldrá el sol, pronto
cantará el demente gallo.

Y allí está el Valhalla de robles
y el viejo sueño de los banquetes;
el destino ordena, la noche decide,
y, entonces, despertó el teléfono.

Los pesados portieres se han tragado el aire,
no queda luz en la plaza del teatro.
Un timbre: las esferas empiezan a girar,
el suicidio está decidido.

¿Cómo escapar de la vida sonora?
¿Cómo de la vida pétrea salir?
¡Cállate, caja maldita!
En el fondo del mar florece: perdona.

---

[19] Título de un poema de la autora escrito en 1940.

Solo una voz, una voz-ave,
vuela al sueño de los banquetes.
Tú —resplandor que libras
del suicidio—, el teléfono.

Moscú, junio de 1918[20]

Vi de nuevo y muy fugazmente a Mandelstam en Moscú en 1918. En 1920 vino a verme una vez o dos a la calle Sérguievskaia (en San Petersburgo), cuando yo trabajaba en la biblioteca de la Escuela de Agrónomos y también vivía allí (el palacete del príncipe Volkonski). Tenía un piso «estatal». Entonces me enteré de que en Crimea lo habían arrestado los blancos y en Tiflis, los mencheviques. En 1920 Ósip Mandelstam vino a verme a Sérguievskaia, n.º 7, para hablarme de la muerte de N. V. Nedobrovo en Yalta, en diciembre de 1919. Se había enterado de esta desgracia en Koktebel, en casa de M. A. Voloshin. Y nunca nadie ha sabido darme más detalles. ¡Así eran aquellos tiempos!

En verano de 1924 Ósip Mandelstam trajo a mi casa (Fontanka, n.º 2) a su joven esposa. Nadiusha era lo que los franceses llaman una *laide, mais charmante.* Ese día empezó mi amistad con Nadiusha, que continúa hasta hoy.

---

[20] Compárese el último verso de la penúltima estrofa con el último verso de la tercera estrofa del poema «Qué canta el reloj-saltamontes». Esta semejanza ha condicionado la traducción de este verso.

Ósip quería a Nadia de una forma increíble, inverosímil. En Kiev, cuando a ella le extirparon el apéndice, él no salió del hospital y vivió todo el tiempo en un cuchitril de la portería del hospital. No dejaba que Nadia se alejara ni un paso de él, no permitía que trabajara, sentía celos disparatados, le pedía consejo sobre cada palabra de sus versos. En realidad, nunca he visto nada igual en toda mi vida. Las cartas que se conservan de Mandelstam a su mujer confirman completamente mi impresión.

En 1925 viví con los Mandelstam en un pasillo del internado Záitsev de Tsárskoie Seló. Nadia y yo estábamos gravemente enfermas; acostadas, nos tomábamos la temperatura, que era constantemente alta, y creo que no salimos a pasear ni una sola vez al parque de al lado. Todos los días Ósip Emílievich marchaba a Leningrado, intentaba cerrar algún trabajo, conseguir dinero. Allí, en completo secreto, me recitó los versos a Olga Waxell, que yo memoricé y que también en secreto puse por escrito («Si quieres, me quito las *válenki*…»). Allí, me dictó sus recuerdos sobre Gumiliov.

Hubo un invierno en que los Mandelstam (debido a la salud de Nadia) vivieron en Tsárskoie Seló, en el Liceo. Los visité unas cuantas veces, cuando iba hasta allí para esquiar. Querían vivir en el pabellón circular de servicio del Gran Palacio, pero dentro las estufas humeaban y los tejados chorreaban. Y así surgió la idea del Liceo. A Ósip no le gustaba vivir allí. Odiaba con todas sus fuerzas las llamadas zalamerías, a Gollebarj y a Rozhdéstvenski,[21] y la especulación en nombre de Pushkin.

Mandelstam mantenía con Pushkin una relación en cierta forma inaudita, casi terrible; a veces me parecía sentir aquí un halo de recato sobrehumano. Le repugnaba todo tipo de *pushkinismo*. Ni yo ni tampoco Nadia supimos que «Se llevan el sol de ayer en negras camillas» era Pushkin, algo que solo ahora ha quedado claro gracias a los borradores (años cincuenta). Mi artículo «El último cuento» —sobre «El gallo de oro»—[22] lo vio sobre mi mesa, lo leyó y dijo: «Es una partida de ajedrez».

> ¿(…) el sol
> de Alexander brilló refulgente,
> brilló hace cien años con esplendor?
> *(Diciembre de 1917)*

También es Pushkin, por supuesto. (Es su manera de reproducir mis palabras).

En realidad, ni existe ni puede existir el tema «Mandelstam en Tsárskoie Seló». No era alimento para él.

---

[21] Érij Fiódorovich Gollerbaj (1895-1942), crítico de literatura y de arte y pintor, y Vsévolod Alexándrovich Rozhdéstvenski (1895-1977), poeta, oriundos los dos de Tsárskoie Seló.

[22] El artículo al que se refiere la autora trata sobre la obra de Pushkin *Cuento del gallo de oro.*

En verano también visité a los Mandelstam en la Villa China,[23] donde vivían con los Livshits. En las estancias no había ni un solo mueble y los agujeros de los suelos podridos se ensanchaban. A Ósip Emílievich no le interesaba en absoluto que antaño allí hubieran vivido Zhukovski o Karamzín. Estoy segura de que dijo adrede, al invitarme a que lo acompañara a comprar cigarrillos o azúcar: «Vamos a la parte europea de la ciudad», como si aquello fuera Bajchisarái o algún otro lugar igual de exótico. La misma indiferencia acentuada en la línea «Allí sonríen los ulanos». En Tsárskoie jamás de los jamases ha habido ulanos, pero sí húsares, coraceros del zar y guardia real.

En 1928 los Mandelstam se encontraban en Crimea. Esta es la carta de Ósip del 25 de agosto (día de la muerte de N. S.):[24]

Querida Anna Andréievna:

Le escribimos con P. N. Luknitski desde Yalta, donde los tres llevamos una vida dura y laboriosa.

Quisiera ir a casa, quisiera verla. Sabe que tengo la facultad de mantener conversaciones imaginarias solo con dos personas: con Nikolái Stepánovich y con usted. La conversación con él, con Kolia, no se ha interrumpido y nunca lo hará.

---

[23] Serie de construcciones impulsadas por Catalina la Grande en el parque Alexándrovski de Tsárskoie Seló.
[24] En realidad, se desconoce la fecha exacta de la ejecución de Nikolái S. Gumiliov, pero el edicto que recoge el fusilamiento de los participantes en la conjuración de la que se acusó al poeta está fechado el 24 de agosto.

En octubre regresaremos unos días a Petersburgo. Nadia tiene prohibido pasar allí el invierno. Hemos convencido a P. N. de que se quede en Yalta, por razones egoístas. Escríbanos.

Suyo,

Ó. Mandelstam

El sur y el mar le eran casi tan imprescindibles como Nadia.

> Ojalá estuviera a un paso del azul del mar,
> a solo una pizca...

Los intentos de establecerse en Leningrado resultaron fallidos. A Nadia no le gustaba nada de lo relacionado con esta ciudad, además la llamaba Moscú, donde vivía Yevgueni Yákovlevich Jazin, su querido hermano. Ósip creyó que alguien sabría quién era, que alguien lo valoraría en Moscú, pero fue al revés. En esta biografía asombra un detalle: en un tiempo (año 1933) en que a Ósip Emílievich lo recibían en Leningrado como a un gran poeta, *persona grata*,[25] etc., en que en el Hotel Europa todo el Leningrado literario (Tyniánov, Eijenbaum, Gukovski) se postraba a sus pies y que sus visitas y recitales eran un acontecimiento que se recordaba durante años y todavía hoy (año 1962) se sigue recordando, en Moscú nadie quería saber de Mandelstam

---

[25] En latín en el original.

y, excepto con dos o tres jóvenes científicos naturalistas, Ósip Emílievich no mantuvo amistad con nadie. (Su amistad con Andréi Bely venía de Koktebel). Pasternak parecía que dudaba, se mantenía aparte, solo le gustaban los georgianos y sus «bellas esposas». Las autoridades de la Unión de Escritores tuvieron un comportamiento sospechosamente discreto.

De entre los escritores contemporáneos Mandelstam estimaba mucho a Isaak Bábel y a Mijaíl Zóschenko. Mijaíl Mijáilovich lo sabía y se sentía muy orgulloso. Por alguna razón a quien más odiaba Mandelstam era a Leonid Leónov.

Alguien dijo que N. Chukovski había escrito una novela. Ósip reaccionó con desconfianza. Dijo que para escribir una novela se necesitaban al menos los trabajos forzados de Dostoievski o la cantidad de tierras de Lev Tolstói. En los años treinta en Leningrado, Ósip le dijo a K. A. Fedin, al encontrárselo en una redacción: «Su novela *[El rapto de Europa]* es cacao holandés en una suela de goma, pero la goma es soviética» (lo contó ese mismo día).

En otoño de 1933 Mandelstam al fin recibió (y lo cantó para celebrarlo) un piso (dos estancias, cuarta planta, sin ascensor; aún no tenía cocina de gas ni bañera) en la travesía Naschókinski («El piso es tranquilo como el papel...») y parecía que la vida vagabunda se acababa. Por primera vez Mandelstam se hizo con libros, sobre todo ediciones antiguas de poetas italianos (Dante, Petrarca).

En realidad, nada había acabado, todo el tiempo había que llamar a algún sitio, esperar algo, poner esperanzas en alguna otra cosa. Y siempre sin resultado. Ósip Emílievich era enemigo de las traducciones de poesía. En Naschókinski, delante de mí, le dijo a Pasternak: «Sus obras completas estarán compuestas de doce tomos de traducciones y solo uno de poemas propios». Mandelstam sabía que por las traducciones se escapaba la energía creadora y hacer que tradujera era casi imposible. A su alrededor apareció mucha gente, con frecuencia bastante turbia y casi siempre inútil.

A pesar de que era un tiempo relativamente vegetariano,[26] una sombra de infortunio y de condena cubría esa casa. Íbamos caminando por Prechístenka (febrero de 1934), de qué hablábamos, no lo recuerdo. Giramos hacia el bulevar Gógol y Ósip dijo: «Estoy preparado para morir». Ya van veintiocho años que recuerdo ese momento cada vez que paso por ese lugar.

Estuve mucho tiempo sin ver a Ósip o a Nadia. En el año 1933, Mandelstam vino a Leningrado invitado por alguien. Se alojaron en el Hotel Europa. Ósip tenía dos veladas. Acababa de aprender italiano y estaba como loco con Dante, leyendo de memoria páginas y

---

[26] Término con el que Ajmátova marcaba la oposición entre los años de menos represión y los de terror de las grandes purgas.

páginas. Nos pusimos a hablar de «Purgatorio», y yo leí
un fragmento del canto XXX (la aparición de Beatriz):

> *Sopra candido vel cinta d'oliva*
> *dona m'apparve, sotto verde manto,*
> *vestita di color di fiamma viva.*
> ....
> *«Men che dramma*
> *di sangue m'e rimaso non tremi:*
> *conosco i segni dell'antica fiamma».*

(Cito de memoria)

Ósip se echó a llorar. Yo me asusté: «¿Qué ocurre?». «No
es nada, es solo que esas palabras en su voz...». No me
toca a mí recordarlo. Si Nadia quiere, lo recordará ella.

Ósip me leyó de memoria trozos de un poema de
N. A. Kliúiev: «Los detractores del arte», causa de la rui-
na del infeliz Nikolái Alexéievich.

Cuando dije algo reprobador sobre Yesenin, Ósip
replicó que a Yesenin puede perdonársele cualquier cosa
por este verso: «No he fusilado a infelices en mazmo-
rras».

No tenía con qué vivir, en realidad, algunas medio
traducciones, algunas medio reseñas, medio promesas.
La pensión apenas llegaba para pagar el piso y recuperar
la ración que le correspondía. Para entonces Mandelstam había cambiado mucho físicamente: estaba entu-
mecido, canoso, le costaba respirar, daba la impresión

de ser un viejecito (tenía cuarenta y dos años), pero sus ojos resplandecían como antes. Sus versos eran cada vez mejores, su prosa también.

Hace unos días, mientras leía *El ruido del tiempo* (no había abierto el libro desde 1928), hice un descubrimiento inesperado. Aparte de todo lo elevado y prístino que había hecho su autor en la poesía, también se las había ingeniado para ser el último autor costumbrista de San Petersburgo: preciso, brillante, imparcial, incomparable. En él esas calles casi olvidadas y muchas veces calumniadas surgen con toda la frescura de las décadas de 1890 y 1900. Me dirán que lo escribió solo cinco años después de la Revolución, en 1923, que había estado ausente mucho tiempo y que la ausencia es el mejor remedio contra el olvido (explicar después), pero el mejor modo de olvidar algo para siempre es verlo a diario. (Así, yo me olvidé de la casa de Fontanka, donde había vivido treinta y cinco años). Y su teatro, y Vera Komissarzhévskaia, de la que aún no había dicho la última palabra: la reina del modernismo; y Savina, una *bárynia* desmadejada después de Gostiny Dvor, y los olores de la estación de Pávlovsk, que me perseguirán toda la vida.[27] Y toda la magnificencia de la capital en guerra vista por los ojos resplandecientes de un niño de cinco años, y el sentimiento del caos judío y la perplejidad ante un hombre con gorro de piel (sentado en la mesa)…

---

[27] Todas estas referencias son del citado libro de Ó. E. Mandelstam.

A veces esta prosa suena como comentarios a unos versos, pero en ningún momento Mandelstam se presenta como un poeta y, de no conocer sus versos, no se adivinaría que esta es la prosa de un poeta. Todo lo que escribe en *El ruido del tiempo* había estado muy dentro de él, nunca había hablado de ello, con aprensión había tratado la admiración de los *miriskúsniki*[28] por el viejo (y no viejo) Petersburgo.

Además, son muy interesantes los detalles de las manifestaciones políticas en la catedral de Kazán,[29] que evidencian su grandísima atención a estos sucesos y nos hacen recordar algo que Ósip ya contó al publicarlo en el libro *Escritores de la época soviética* (cita).

Esta prosa, tan poco conocida, tan olvidada, solo ahora está empezando a llegar al lector. Pero en cambio continuamente oigo, sobre todo de los jóvenes, que uno puede volverse loco por ella, que en todo el siglo XX no ha habido prosa igual. (A la que él llamó *Cuarta prosa*).

Mi memoria ha retenido muy bien una de nuestras conversaciones de entonces sobre poesía. Ósip Emílievich, que soportaba muy mal eso que ahora llaman culto a la personalidad, me dijo: «Ahora los poemas

---

[28] Seguidores del movimiento surgido alrededor de la revista *Mir Iskusstva* (El mundo del arte).

[29] Desde 1861, fecha de las primeras manifestaciones estudiantiles contra el régimen zarista, la catedral de Kazán se convirtió en el lugar principal de celebración de las manifestaciones de la oposición.

tienen que ser civiles», y me leyó «Bajo nuestros pies no sentimos».[30] También por entonces debió de surgir su teoría del «conocimiento de las palabras». Mucho después sostendría que las poesías se escriben solo como resultado de fuertes conmociones, tanto alegres como trágicas. De los versos en los que alaba a Stalin —«Me apetece decir no Stalin, sino Dzhugasvili»[31] (¿1935?)— me dijo: «Ahora comprendo que era una enfermedad».

Cuando le leí a Ósip mi poema «Te llevaron al amanecer» (1935), dijo: «Se lo agradezco». Estos versos están en *Réquiem* y se refieren al arresto de N. N. Punin[32] en 1935.

Mandelstam se adjudicó (con razón) el último verso de mi poema «Un poco de geografía» («No es una capital europea...»):

> Ella, cantada por el primer poeta,
> por nosotros, pecadores, y por ti.

Lo arrestaron el 13 de mayo de 1943. Ese mismo día, tras un torrente de telegramas y llamadas de teléfono, llegué a casa de los Mandelstam desde Leningrado (donde poco antes había tenido lugar su encontronazo con

---

[30] Cita inexacta del verso de Mandelstam: «Vivimos sin sentir el país bajo nuestros pies».

[31] Apellido de Iósif Stalin.

[32] Nikolái Nikoláievich Punin (1888-1953), especialista y crítico de arte, tercer marido de Ajmátova, aunque el matrimonio nunca se oficializó. Fue detenido en 1921, en 1935 y en los años cuarenta. Finalmente, murió en prisión.

Alexéi Tolstói). Entonces éramos todos tan pobres que para comprar el billete de vuelta llevaba conmigo mi Orden de la Cámara de los Monos,[33] la última que había entregado Rémizov en Rusia (me la trajeron ya después de la huida de Rémizov en 1921), y una figurita obra de Dankó (mi retrato, año 1924) para venderlos. (Los compró S. Tolstáia para el museo de la Unión de Escritores).

La orden de arresto la había firmado Yagoda[34] en persona. El registro se prolongó toda la noche. Buscaban poesías, andaban entre los manuscritos sacados de un baúl. Nos quedamos todos en la misma habitación. Apenas había ruido. Tras la pared, en casa de Kirsánov, tañía una guitarra hawaiana. Presencié cómo el juez instructor encontró «Lobo»[35] («Por la bravura resonante de los siglos venideros...») y se lo enseñó a Ósip Emílievich. Este asintió en silencio. Al despedirse, me dio un beso. Se lo llevaron a las siete de la mañana. Ya había amanecido. Nadia se fue a casa de su hermano y yo con los Chulkov al bulevar Smolenski n.º 8; quedamos en encontrarnos más tarde. Regresamos juntas a su casa, recogimos el piso y nos sentamos a desayunar. De nuevo

---

[33] La Gran y Libre Cámara de los Monos (*Obezvelvolpal* por sus siglas en ruso), sociedad «secreta» y burlesca fundada por Alexéi Rémizov siguiendo los cánones del simbolismo y de la que formaron parte, entre otros, A. Tolstói, M. Kuzmín, Ye. Zamiatin, N. Gumiliov y A. Blok.

[34] Guénrij Grigórievich Yagoda (1891-1938), comisario de Seguridad en 1935 y de Interior desde 1934 (año en que se fundó el NKVD) a 1936, uno de los principales responsables de las represiones masivas.

[35] Nombre familiar con el que se referían al poema que se cita a continuación.

llaman, de nuevo son ellos, de nuevo un registro. Yevgueni Yákovlevich Jazin dijo: «Si vienen otra vez, os llevarán». Pasternak, en cuya casa había estado ese mismo día, marchó a interceder por Mandelstam ante Bujarin en el *Izvestia*; yo, al Kremlin a ver a Yenukidze. (Acceder al Kremlin entonces era casi un milagro. Lo arregló el actor Ruslánov a través del secretario de Yenukidze). Este estuvo bastante cortés, pero enseguida preguntó: «¿Quizá con algunos versos?». Así aceleramos y, probablemente, suavizamos el desenlace. La sentencia, tres años en Cherdyn, donde Ósip se tiró por la ventana del hospital porque pensó que habían ido a buscarlo (v. «Estancias», cuarta estrofa), y se rompió un brazo. Nadia envió un telegrama al Comité Central. Stalin ordenó que revisaran el caso y permitió que eligieran otro lugar. Después llamó a Pasternak. El resto es bien conocido.

Estuve también con Pasternak en casa de Usiévich, donde encontramos también a algunas autoridades de la Unión de Escritores y a mucha de la juventud marxista de entonces. También estuve en casa de Pilniak, donde me encontré a Baltrušaitis, a Shpet y a S. Prokófiev.

Y por esa época el antiguo síndico del Taller de los Poetas, el antiguo Serguéi Gorodetski, al tomar la palabra no sé bien en dónde, pronunció la siguiente frase inmortal: «Esto son versos de aquella Ajmátova que marchó a la contrarrevolución», de forma que incluso en *El Periódico Literario*, que publicó un resumen de dicho encuentro, se suavizaron las verdaderas palabras del orador (v. *El Periódico Literario*, mayo de 1934).

Al final de su carta a Stalin, Bujarin escribió: «También Pasternak está inquieto». Stalin respondió que había dado orden de que Mandelstam estuviera bien. Le preguntó a Pasternak por qué no había terciado. «Si un poeta amigo mío cayera en desgracia, yo hasta saltaría muros para salvarlo». Pasternak respondió que, de no haber terciado él, Stalin ni se habría enterado del tema. «¿Por qué no se ha dirigido a mí o a las organizaciones de escritores?». «Desde 1927 las organizaciones de escritores no se ocupan de esto». «Pero él es vuestro amigo, ¿no?». Pasternak vaciló, pero tras una larga pausa Stalin continuó la pregunta: «Porque es un maestro, un maestro de verdad, ¿no?». Pasternak respondió: «Eso no tiene importancia».

Borís Leonídovich pensaba que Stalin estaba comprobando si él sabía lo del poema, y de ahí sus respuestas vacilantes.

… «¿Por qué no hacemos sino hablar de Mandelstam? Hace mucho que quería hablar con usted». «¿De qué?». «De la vida y la muerte». Stalin colgó el teléfono.

Nadia no fue a ver a Borís Leonídovich ni le suplicó nada, a pesar de lo que escribe Robert Payne.

De los hombres, solo Perets Markish fue a visitar a Nadia. Esos días vinieron muchas mujeres. Se me ha quedado grabado que eran guapas y muy elegantes, llevaban vestidos primaverales, frescos: Sima Nárbut, aún no tocada por la desgracia; la mujer de Zenkévich, la bella «prisionera turca» (así la llamábamos nosotros); Nina Olshévskaia, ojos claros, esbelta e increíblemente tranquila. Nadia y yo, amarillentas y sin sentir nada, vestíamos chaquetas de punto arrugadas. Con nosotras estaba Emma Guerstein y el hermano de Nadia.

Quince días después, bien de mañana, llamaron a Nadia y le propusieron que se presentara por la tarde en la estación Kazanski, si quería irse con su marido. Todo había terminado. Nina Olshévskaia y yo nos fuimos a reunir dinero para la partida. Nos dieron mucho. Yelena Serguéievna Bulgákova se echó a llorar y me alargó todo el contenido de su bolso.

A la estación fuimos Nadia y yo solas. Pasamos por la Lubianka[36] a recoger los documentos. Era un día luminoso y claro. Desde cada ventana nos miraban «los bigotes de cucaracha»[37] del protagonista de la fiesta. Tardaron mucho en traer a Ósip. Estaba en tal estado que ni siquiera lograban meterlo en el coche de la cárcel. Mi tren estaba a punto de salir (desde

---

[36] Plaza céntrica de Moscú en la que se ubicaba la sede central de los servicios de seguridad soviéticos.
[37] Del poema de Mandelstam «Vivimos sin sentir el país bajo nuestros pies».

la estación Leningradski) y no podía seguir esperando. Los hermanos, es decir, Yevgueni Yákovlevich Jazin y Alexander Emílievich Mandelstam me acompañaron, regresaron luego a la estación de Kazán y solo entonces trajeron a Ósip, con el que no estaba permitido comunicarse. Hice mal en no haberlo esperado para que me viera, porque en Cherdyn empezó a creer que yo estaba, sin duda, muerta. (Se fueron vigilados por «los gloriosos muchachos de las puertas de hierro de la GPU» que leían a Pushkin).[38]

En esa época estaba en marcha la preparación del primer congreso de escritores (año 1934) y a mí también me enviaron un cuestionario para que lo respondiera. La detención de Ósip me había producido tal impresión que mi mano no se movía para responder al cuestariÓ. En ese congreso Bujarin declaró primer poeta a Pasternak (para espanto de Demián Bedny), me riñó y probablemente no dijera ni una palabra sobre Ósip.

En febrero de 1936 estuve con los Mandelstam en Vorónezh y me enteré de todos los detalles de su «causa». Me contó que en pleno delirio estuvo corriendo por Cherdyn y descubrió mi cadáver fusilado, lo que contó a voces a todo el que pasaba, y pensaba que los arcos en

---

[38] Nueva referencia a un poema de Mandelstam. La GPU corresponde a las siglas en ruso de Dirección Política Estatal, órgano anejo al NKVD.

honor de los héroes del Cheliushkin[39] se habían levantado en honor a su llegada.

Pasternak y yo fuimos al fiscal superior de turno a interceder por Mandelstam, pero entonces ya había empezado el terror y todo fue en vano.

Es sorprendente que el espacio, la amplitud, la respiración profunda aparecieran en los poemas de Mandelstam precisamente en Vorónezh, cuando no era nada libre.

> Y en mi voz después del ahogo
> suena la tierra, mi última arma…

Tras regresar de ver a los Mandelstam, escribí el poema «Vorónezh». Este es el final:

> Mientras, en el cuarto del poeta caído en desgracia,
> el miedo y la musa velan por turnos.
> Y la noche avanza,
> una noche que no conoce amanecer.
> *El correr del tiempo*, 1965

Sobre sí mismo en Vorónezh, Ósip decía: «Soy un mal "esperador" por naturaleza. Por eso aquí es todo más difícil».

---

[39] El Cheliushkin era un barco de vapor soviético que quedó aprisionado por los hielos del Ártico durante una expedición en febrero de 1934. La tripulación y los pasajeros tuvieron que abandonar el barco y esperar sobre el hielo a que los rescataran. Se improvisó una pista para el rescate por aire. Los pilotos que entre marzo y abril consiguieron evacuar a los expedicionarios fueron los primeros Héroes de la Unión Soviética.

A principios de los años 20 (1923), dos veces atacó Mandelstam en prensa y con mucha dureza mis poemas (*Arte ruso*, n.º 1, 2-3). Nunca lo debatimos. Pero tampoco me habló de sus alabanzas a mis versos y solo ahora (reseñas en *La antología de las musas* de 1916 y *Carta sobre poesía rusa*, 1922, Járkov) he podido leerlas.

Allí en Vorónezh le hicieron presentar, con motivos no muy limpios, una ponencia sobre el acmeísmo. No debe olvidarse lo que dijo en 1937: «No reniego ni de los vivos ni de los muertos». A la pregunta de qué era el acmeísmo, Mandelstam respondió: «Nostalgia de una cultura universal».

En Vorónezh junto a Mandelstam estuvo Serguéi Borísovich Rudakov que, desgraciadamente, resultó no ser tan bueno como creíamos. Debía de adolecer de algún tipo de delirio de grandeza si creía que los poemas los escribía no Ósip, sino él, Rudakov. Este murió en la guerra y no tengo ganas de describir detalladamente cuál fue su comportamiento en Vorónezh. Sin embargo, todo lo que venga de él debe tomarse con sumo cuidado.

Todo lo que sobre Mandelstam escribe Gueorgui Ivánov —quien se había marchado de Rusia justo al iniciarse los años veinte y que no conocía en absoluto al maduro Mandelstam— en sus memorias chabacanas *Inviernos petersburgueses* es mezquino, huero e insustancial. Componer tales memorias no es cosa de sabios. No se necesita memoria o atención, ni amor o sentimiento de una época. Todo vale, y todo es aceptado con agradecimiento por parte de consumidores poco exigentes. Peor es, por supuesto, cuando estas cosas acaban en trabajos serios de crítica literaria. He aquí lo que hizo Leonid Shatski[40] (Strajovski)[41] con Mandelstam: el autor tenía a mano dos o tres libros de memorias bastante «picantes» (*Inviernos petersburgueses* de Gueorgui Iványov, *El fusilero con un ojo y medio* de Benedikt Livshits, *Retratos de poetas rusos* de Ehrenburg, 1922). Y exprimió estos libros. El material está extraído del anuario prematuro de Kozmín *Escritores de la época actual* (Moscú, 1928). Además, del recopilatorio de Mandelstam *Poemas* (1928) se ha sacado la composición «Música en la estación»,[42] que ni siquiera es temporalmente el último de este libro y aquí aparece como la última composición del poeta. La fecha de su muerte se establece arbitrariamente en 1945 (siete años después de su muerte real, el 27 de diciembre de 1938). El que una serie de revistas y periódicos publicaran versos de Mandelstam, aunque fuera el magnífico

---

[40] En las notas a *Antología poética del s. XX*. Páginas (Einaudi). *(N. de la edición rusa).*

[41] El pseudónimo del poeta y crítico Leonid Ivánovich Strajovski era Chatski, y no Shatski. Hay estudiosos que opinan que Ajmátova lo escribe mal a propósito para burlarse de él, la raíz *shat-* indica oscilación, tambaleo.

[42] En realidad, el poema se llama «Concierto en la estación».

ciclo «Armenia» en *El Nuevo Mundo* de 1930, a Shatski no parece interesarle en absoluto. Anuncia con gran descaro que Mandelstam se acabó en la composición «Música en la estación», que dejó de ser poeta, que se convirtió en un traductor lamentable, que se hundió y deambulaba de taberna en taberna, etc. Probablemente esto último sea información transmitida oralmente por un tal Gueorgui Ivánov de París. Y, en lugar de la figura trágica de un poeta excepcional, que hasta en los años de exilio en Vorónezh continuó escribiendo obras de belleza y fuerza inenarrable, tenemos un «loco urbano», un granuja, una criatura degradada. Y todo esto en un libro que ha visto la luz bajo la égida de la mejor universidad de los Estados Unidos, la más antigua, etc. (Harvard), por lo que felicitamos de todo corazón a la mejor y más antigua universidad de los Estados Unidos.

¿Era extravagante? ¡Claro que lo era! Por ejemplo, echó a un joven poeta que había venido a quejarse de que no lo publicaban. El joven desconcertado bajaba por la escalera mientras Ósip seguía de pie en el descansillo superior y le gritaba: «¿Acaso publicaron a Andrea Chénier? ¿Y a Safo? ¿Publicaron a Jesucristo?».

Todavía hoy S. Lipkin y A. Tarkovski cuentan de buena gana que Mandelstam criticó sus versos de juventud.

Artur Serguéievich Lurié, que conoció muy bien a Mandelstam y que escribió con mucha dignidad sobre la relación de Mandelstam con la música, me contó (años diez) que una vez iba con Mandelstam por Nevski y que vieron a una dama realmente admirable. Ósip, ingenioso, le propuso a su compañero: «Vamos a quitarle todo eso y a llevárselo a Anna Andréievna». (Lurié puede confirmarlo).

No le agradaba mucho que a las mujeres jóvenes les gustara *El rosario*. Cuentan que en una ocasión estuvo en casa de Katáiev y mantuvo una agradable conversación con la hermosa mujer del dueño de la casa. Al final le entraron ganas de comprobar los gustos de la dama y le preguntó: «¿Le gusta Ajmátova?», a lo que ella, naturalmente, respondió: «No lo he leído», y a continuación el huésped montó en cólera, empezó a decir groserías y se marchó hecho una furia. A mí no me contó nada de esto.

Invierno, 1933-1934: mientras me hospedaba en Naschókinski con los Mandelstam en febrero de 1934, los Bulgákov me invitaron a una velada. Ósip se inquietó: «¿Quieren que os reunáis con la literatura de Moscú?». Para tranquilizarlo, dije algo desafortunado: «No, el propio Bulgákov es un marginado. Probablemente haya alguien del Teatro del Arte». Ósip se enfadó de veras. Se movía por la habitación y gritaba: «¿Cómo apartar a Ajmátova del Teatro del Arte?».

En una ocasión Nadia llevó a Ósip a la estación, a esperarme. Se había levantado temprano, estaba helado, de mal genio. Cuando bajé del vagón, me dijo: «Ha venido a la misma velocidad que Anna Karénina».

A la estancia (la futura cocina) en la que yo me quedaba, Ósip la apodaba el Templo. A la suya la llamaba *Zapiastie* (porque en la primera habitación vivía Piast).[43] Y a la de Nadia, *Mamanas* (nuestra mamá).

¿Extravagante?... No se trata de eso. ¿Por qué los autores de un tipo famoso de memorias (Shatski-Strajovski, E. Mindlin, S. Makovski, G. Ivánov, Benedikt Livshits) con tanto cuidado y afecto recolectan y conservan toda clase de chismes, tonterías, puntos de vista sobre el poeta principalmente filisteos, y no inclinan la cabeza ante un acontecimiento tan grandioso y no comparable con nada, como es la aparición de un poeta cuyos primeros versos ya sorprendían por su perfección y que vienen desde la nada?

Mandelstam no tiene maestrÓ. En esto es en lo que hay que pensar. No conozco caso igual en la poesía mundial. Conocemos las fuentes de Pushkin y de Blok, pero ¿quién puede señalar desde dónde ha llegado hasta nosotros esta armonía nueva y divina que son los versos de Ósip Mandelstam?

---

[43] Juego de palabras: si separamos el prefijo de la palabra *zapiastie*, 'muñeca', significa literalmente 'detrás del metacarpo'. Y Mandelstam aprovecha la similitud de la palabra *piast*, 'carpo', con el apellido del poeta simbolista Vladímir Alexéievich Piat, por lo que puede entenderse también 'detrás de Piat'.

En mayo de 1937 Mandelstam regresó a Moscú, «a su casa» en Naschókinski. En ese momento yo me hospedaba en el mismo edificio con los Árdov. Ósip ya estaba enfermo, pasaba mucho tiempo acostado. Me leyó todos sus poemas nuevos, pero no permitía que nadie hiciera copias. Hablaba mucho sobre Natasha (Shtémpel), con quien había trabado amistad en Vorónezh. (A ella están dirigidos dos poemas: «Huelen a juramento pegajoso los brotes...» y «Cayendo sobre la tierra desierta sin querer...»).

Ya hacía un año que, en continuo aumento, se había desencadenado el terror. Una de las dos habitaciones de los Mandelstam la ocupaba una persona que escribía denuncias falsas sobre ellos, y muy pronto se le hizo imposible aparecer siquiera por su piso. Ósip no recibió autorización para quedarse en la capital. Alguien le dijo: «Es usted demasiado nervioso». No había trabajo. Volvieron de Kalinin[44] y se sentaron en un bulevar. Probablemente fue entonces cuando Ósip le dijo a Nadia: «Hay que saber cambiar de profesión. Ahora somos pobres» y «Ser pobre en verano siempre es más fácil».

> Aún no estás muerto, aún no estás solo,
> de momento con tu pobre amiga

---

[44] Actual Tver.

contemplas la grandeza de las llanuras,
la bruma, el frío, la nevasca.

El último poema que le oí a Ósip es «Cuando por las calles de la Kiev del Vi…»[45] (1937). Fue así: los Mandelstam no tenían donde pasar la noche. Los retuve conmigo (en la casa de Fontanka). Le preparé la cama a Ósip en un diván. Salí a buscar algo y, cuando regresé, ya estaba durmiendo, pero se despertó y me recitó los versos. Yo los repetí. Él dijo: «Se lo agradezco», y se durmió.

En esa época en la casa Sheremétiev estaba la denominada Casa de la Ciencia Divertida. Para pasar a nuestros cuartos había que atravesar este sospechoso organismo. Ósip me preguntó preocupado: «¿Quizá haya otra salida divertida?».

También por esa época estábamos leyendo al mismo tiempo *Ulises* de Joyce; él, una buena traducción alemana; yo, el original. Algunas veces nos poníamos a hablar del *Ulises*, pero ya no estábamos para libros.

Vivimos así un año. Ósip ya estaba gravemente enfermo, pero con incomprensible obstinación exigía que la Unión de Escritores le organizara una velada. La velada llegó a fijarse, pero al parecer «olvidaron» enviar la

---

[45] El Vi es una criatura sobrenatural del folclore ucraniano dotada de mirada mortal oculta bajo unos párpados y unas pestañas enormes.

convocatoria y no vino nadie. Ósip Emílievich invitó a Aséiev por teléfonÓ. Este respondió: «Me voy a ver *Blancanieves*». E Iliá Selvinski, cuando Mandelstam le pidió dinero al encontrárselo en un bulevar, le dio tres rublos.

La última vez que vi a Mandelstam fue en el otoño de 1937. Ellos —Nadia y él— habían venido un par de días a LeningradÓ. Eran tiempos apocalípticos. La desgracia nos pisaba los talones a todos. Ya no tenían ningún sitio donde vivir. Ósip respiraba mal, apresaba el aire con los labios. No recuerdo dónde fui para poder verlos. Todo parecía un sueño horrible. Alguien que había llegado después que yo dijo que el padre de Ósip Mandelstam (el «viejo») no tenía ropa de abrigo. Ósip se quitó el jersey que llevaba debajo de la chaqueta y lo dio para que se lo llevaran a su padre.

Mi hijo dice que durante su instrucción le leyeron declaraciones de Ósip Emílievich sobre él y sobre mí, y que eran irreprochables. ¡Ay!, ¿pueden decir lo mismo muchos de nuestros contemporáneos?

Lo arrestaron por segunda vez el 2 de mayo de 1938 (en el apogeo del terror) en una casa de reposo cerca de la estación de Cherusti. En esa época, mi hijo ya llevaba dos meses (desde el 10 de marzo) detenido en Shpalérnaia. Se hablaba en voz alta de torturas. Nadia vino a Leningrado. Su mirada era de espanto. Dijo: «Solo me quedaré tranquila cuando sepa que ha muerto».

A principios de 1939 recibí una breve carta de una amiga de Moscú. «Nuestra amiga Lena ha tenido una niña, nuestra amiga Nadiusha ha enviudado», decía.

Anna Ajmátova
Komarovo

P. D.: De Ósip había solo una única carta (a su hermano Alexander) desde el lugar (…) donde murió. La carta la tiene Nadia. Me la enseñó. «¿Dónde está mi Nadinka?», preguntaba Ósip y pedía ropa de abrigo. Le enviaron un paquete. Fue devuelto al no encontrarlo con vida.

Auténtica amiga de Nadia en todos esos años tan difíciles para ella fue Vasilisa Gueórguievna Shklóvskaia, y la hija de esta, Varia.

Ahora Ósip Mandelstam es un gran poeta reconocido por todo el mundo. Sobre él se escriben libros, se defienden tesis. Ser su amigo es un honor; su enemigo, una deshonra. Se preparan ediciones académicas de sus obras. Descubrir una de sus cartas es un acontecimiento.

Para mí no es solo un gran poeta, sino la persona que al enterarse (probablemente por Nadia) de que lo estaba pasando mal en la casa de Fontanka, me dijo al despedirse —fue en la estación de Moscú en

Leningrado—: «Annushka (nunca en la vida me había llamado así), recuerde siempre que mi casa es su casa». Puede que fuera justo antes de su caída en desgracia…

ANNA AJMÁTOVA

CARTAS

CARTA DE NADEZHDA YA. MANDELSTAM Y
ÓSIP E. MANDELSTAM

11 de junio de 1929

Querida Anna Andréievna:

A pesar de la decisión de la Secretaría Ejecutiva, que había puesto fin al caso, Kanátchikov y Zaslavski convocaron arbitrariamente a la Comisión de Conflictos para juzgar a Ó. E., comisión que ya había sido cancelada. Ó. E. no estuvo presente. Avisaron a algunos escritores. A Ó. E. lo llamaron por teléfono el mismo día de la comisión y le comunicaron a la limpiadora del Comité de Mejora de la Vida que «hoy a las dos se reúne la Comisión de Conflictos». De los escritores que habían firmado la carta de los quince, estuvieron presentes Olesha, Pasternak y Zelinski. Estuvieron además los representantes de la ZIF,[46] el miembro de la nueva dirección de la ZIF Yákovlev y otros más.

---

[46] Acrónimo de la sociedad estatal *Zemliá i Fábrika,* 'La tierra y la fábrica', fundada en 1922 y cuya actividad principal era la publicación de obras de autores soviéticos y de clásicos extranjeros.

Estos declararon que la editorial *no sabía que se había encargado la corrección de traducciones antiguas y repitieron la acusación de engaño* con Mayne-Reid. La historia con Mayne-Reid —el primer intento de dejarle sin trabajo— la conocen Fedin, Slonimski, Kozakov y algún otro. No se tuvo en cuenta que tres escritores declararon que Ó. E. tenía contratos ni *los testimonios de todos los antiguos redactores* de la ZIF (Shoijet, Zonin y Kolésnikov) sobre que el encargo de *Tyl Ulenspegel* era para corregir traducciones antiguas.

Sobre esta base, los quince escritores que habían firmado la carta de protesta *han recibido una reprimenda*. A ninguno de los tres presentes en la sesión se le ocurrió *declarar su desconfianza* en la Comisión de Conflictos. Cuénteles estos excesos a *Fedin, Kozakov y Zóschenko*. Indíqueles que el presidente de la Comisión de Conflictos es parte interesada (es editor del periódico). Además, han recibido reprimendas: 1) los editores; 2) Ó. E., 3) los escritores (los quince) y 4) Zaslavski (¡dureza de tono!). A Ó. E. no sé por qué. Hoy o mañana van a formular la disposición. El lunes aparecerá en *El Periódico Literario*. Hacen falta medidas urgentes, estaría bien que alguien saliera para Moscú, que Leningrado exija una *comisión instructora*.

Todo el caso se encuentra en la oficina de investigaciones del *Komsomólskaia Pravda* por hostigamiento de la ZIF a un trabajador. La cuestión es incluir a varios miembros de la dirección de la ZIF en la responsabilidad penal por el hostigamiento.

En la cartera del *Komsomólskaia* hay una carta monstruosa de Zaslavski. *Es posible que se vean obligados a publicarla* con el llamamiento de la editorial a incluir la responsabilidad penal de Ó. E. Hacen falta medidas urgentes, hay que doblegar a la Federación.

No sé cuándo acabará todo esto. Hoy ha sido el juicio por el caso de Kariakin en la ZIF. A Ó. E. *lo han convocado como corresponsable.*

Como no confiaba en el juriconsulto, ha venido el miembro de la nueva dirección, Yákovlev. Repitió todos sus miserables ataques, declaró que la editorial no sabía nada, etc. Pero era un juicio de verdad, también estaban nuestros testigos (Shoijet). Se procedió a leer el testimonio escrito de otros. Yákovlev, al marcharse, declaró que *estaba de acuerdo en todo con Zaslavski.* Antes de Ó. E. intervino el representante de la oficina de investigaciones del *Komsomólskaia.* La solución, el viernes. A juzgar por el desarrollo del juicio puede decirse (opinión generalizada) que *la ZIF ha perdido.* Sigo: los escritores no declararon su desconfianza en la Comisión de Conflictos, pero sí lo hicieron los traductores. Neishtadt (uno de los mejores traductores, quien se enteró de casualidad de la Comisión de Conflictos y se presentó allí) tuvo un choque con Zaslavski.

A los quince escritores se los ha acusado de no conocer la documentación. Es una mentira descarada: la carta de Gornfeld —la única documentación de Zaslavski— se había leído de principio a fin en una reunión en casa de Vsévolod Ivánov. También allí se dio a conocer toda la documentación existente, pero todavía hoy la desconocen los canallas de la Federación.

Este tildó a Neishtadt de ideólogo de la chapuza. La oficina de traductores ha presentado una instancia de catorce puntos sobre *la desconfianza e incompetencia* de la Comisión. Yo no la he visto. Informe enseguida de todo a la Federación de Leningrado, a Slonimski, a Fedin y a otros.

Esperamos una intervención inmediata.

N. Mandelstam

P. D.: Confirmo cada palabra de esta carta. Todo lo que ocurre es bochornoso y terrible. Es la última degradación. Cobardía, mentira, adulación. A mí me cierran la boca, pero llamo a los camaradas a que salven su honor, el honor de la literatura, a que le arranquen las armas a la banda de negro, a tomar la palabra poderosa, inmediatamente.

Ó. Mandelstam

De Anna A. Ajmátova

12 de julio de 1935

Querido Ósip Emílievich:

Gracias por su carta y por acordarse de mí. Va a hacer un mes que estoy realmente enferma. Dentro de unos días me hospitalizarán para hacerme análisis. Si todo acaba felizmente, iré sin falta a visitarlo.

El verano está siendo gélido: el insomnio y la debilidad me han martirizado muchísimo.

Ayer llamó Pasternak, en su camino de París a Moscú ha parado por aquí. Creo que no lo veré, me ha dicho que lo está destruyendo una grave psicastenia. ¿Qué clase de mundo es este? Usted no se ponga enfermo, querido Ósip Emílievich, y que no decaiga su ánimo.

Mi libro ha sufrido algún retraso. Hasta la vista…

Estrecho con fuerza su mano y un beso para Nadiusha.

Suya,

Ajmátova

POEMAS

ÓSIP MANDELSTAM[1]

Como ángel negro en la nieve
hoy te me has aparecido,
y ocultarlo no se puede:
tienes el sello divino.

Es un sello muy extraño,
como del cielo traído,
cual si te fuera otorgado
en la iglesia el mejor nicho.

Dejemos que el amor de allí
se una al amor de esta orilla,
que de la sangre el bullir
nunca alcance tus mejillas,

dejemos que el mármol contraste
en el fantasmal claroscuro
de tus harapos, de tu carne.
Que no tiña tu rostro puro.

¿1913-1914?

77

A Anna Ajmátova

De medio perfil, ¡oh, aflicción!,
contempló a los desinteresados.
Sobre los hombros quedó petrificado
el chal clásico de imitación.

La voz siniestra —amarga embriaguez—
descarga lo profundo del alma:
así —una Fedra indignada—
se alzaba allá en tiempos Raquel.

1913

A Casandra

No he buscado en los instantes florecientes
tus labios, Casandra, tus ojos, Casandra,
pero en la solemne vigilia de diciembre
nos asalta del recuerdo la añoranza.

En el año diecisiete, en invierno,
mientras amábamos, todo perdimos:
uno, por la voluntad del pueblo,
y el otro, saqueado por sí mismo…

Un día, en la capital alocada
junto al Nevá, en un festejo agresivo,
dejarán la bella cabeza despojada
del pañuelo durante un baile repulsivo.

Si el delirio es necesario para la vida
y las casas, madera para navegar,
yo te he querido, victoria tullida,
apestada temporada invernal.

En la plaza entre los blindados
veo a un hombre que pretende asustar
a los lobos con tizones inflamados:
libertad, igualdad, legalidad.

Casandra, enfermiza y silente,
no puedo más: ¿por qué el sol
de Alexander brilló refulgente,
brilló hace cien años con esplendor?

1917

Es tu prodigiosa pronunciación
el silbido ardiente del ave de presa;
y también, lo diré, la viva impresión
de algunos relámpagos de seda.

«¿Qué?», con cabeza embotada.
«¿Cómo?», ¡quien llama soy yo!
—La tierra también es mi casa
—susurró desde lejos la voz—,

que hablen: si el amor tiene alas,
la muerte alada tiene más fuerza,
y, aunque en combate siga el alma,
vuelan nuestros labios hacia ella.

Hay tanto aire y tanto viento,
tanta seda en tu rumor,
y en la larga noche, como ciegos,
bebemos una mezcla sin sol.

Inicios de 1918

Quería usted ser un juego,
pero ¿cómo darle cuerda?
Si no es armado de versos
a usted nadie se le acerca.

1911

Los rasgos del rostro cambiantes
tras una sonrisa lastimera.
Y pensar que a esta gitana le esperan
todos los tormentos de Dante.

1913

Se acostumbra la abeja al abejero,
así es la vida de la abeja…
Pero yo hace veintitrés años que cuento
las picaduras que Ajmátova me deja.

Cuando la amistad rozaba el abandono,
Shervinski a su hogar nos convidaba
a oír cómo en *Edipo en Colono*
con su colega Nilénder marchaba.

Qué canta el reloj-saltamontes,
el escalofrío susurra
y cruje el horno seco:
es la seda roja que arde.

Qué roen los dentados ratones
al delgado fondo de la vida:
es la golondrina, es la cría
que desamarró mi barca.

Qué farfulla la lluvia en el tejado:
es la seda negra que arde,
pero el cerezo aliso escucha
y en el fondo del mar perdona.

Porque la muerte es inocente
y no puede ayudar en nada,
pues en la fiebre de los ruiseñores
el corazón conserva el calor.

1918

ANNA AJMÁTOVA

VORÓNEZH

A Ó. M.

Y la ciudad se alza helada.
Bajo el vidrio: los árboles, los muros, la nieve.
Por los cristales piso cautelosa.
¡Qué inseguro corre el trineo decorado!
Sobre el Pedro de Vorónezh: cuervos
y álamos, y una bóveda verde claro,
difuminada, enturbiada por las motas de sol.
La batalla de Kulikovo rezuma de las pendientes
de la tierra poderosa, victoriosa.
Los álamos, cual copas inclinadas,
sobre nosotros tintinearán con fuerza
como si por nuestro júbilo bebieran
miles de invitados en el banquete nupcial.

Mientras, en el cuarto del poeta caído en desgracia,
el miedo y la musa velan por turnos.
Y la noche avanza,
una noche que no conoce amanecer.

4 de marzo de 1936

Me asomo a ellas como a una copa,
incontables notas en ellas se esconden:
de nuestras juventudes ensangrentadas
son noticia negra y dulce.

El mismo aire, al asomarme a un abismo,
lo respiré en tiempos una noche,
una de esas noches vacías y férreas
en las que en vano llamas y gritas.

Oh, qué aromático el aliento del clavo
con el que en tiempos en aquel lugar soñé:
son las Eurídices que se arremolinan,
el toro que lleva a Europa por el mar.

Son nuestras sombras que sobrevuelan
el Nevá, el Nevá, el Nevá,
es el Nevá que salpica los escalones,
es tu entrada a la inmortalidad.

Son las llaves de la casa
de la que ahora no se dice ni pío…
Es la voz de aquella misteriosa lira
que visita el prado de ultratumba.

5-10 de mayo-5 de julio de 1957,
Moscú-Komarovo

SOMOS CUATRO

Esbozos de Komarovo

Y pensar que a esta gitana le esperan
todos los tormentos de Dante.
Ó. M.

Así veo yo su semblante y su mirada.
B. P.

Oh, musa del llanto.
M. Ts.

… Y yo aquí renuncio a todo,
a todo el bien de la tierra.
En espíritu, en guardián de «este lugar»
se ha tornado el leñoso tronco del bosque.

Todos estamos de visita en la vida,
vivir no es sino costumbre.
Me parece que en los caminos del aire
oigo el intercambio de dos voces.

¿Solo dos? En el muro oriental,
entre la sólida mata del frambueso,
la rama oscura y fresca de un sauco…
Es… la carta de Marina.

1961

ACERCA DE «SOMOS CUATRO»

El 19 y 20 de noviembre de 1961, durante una convalecencia en el hospital, Anna Ajmátova escribió este poema en el que se reúnen cuatro poetas clave de la primera mitad del siglo XX y que solo volverían a publicarse con la llegada del deshielo: Ósip Mandelstam, Borís Pasternak, Marina Tsvietáieva y la propia autora. El poema tuvo un papel primordial en el proceso de recuperación, dentro de las fronteras de la Union Soviética, de los nombres de estos cuatro escritores de destino trágico.

Un año antes, el 30 de mayo de 1960, había fallecido Borís Pasternak, y la poeta parece tomar conciencia de que es la única que queda de su generación y, por eso, empieza despidiéndose de la vida.

Los tres epígrafes que acompañan al poema son versos extraídos de composiciones que, en diferentes años, Ósip Mandelstam, Borís Pasternak y Marina Tsvietáieva le dedicaron a Anna Ajmátova. Su propio título remite a uno de Pasternak cuyo primer verso reza: «Somos pocos. Somos, quizá, tres». En la segunda estrofa encontramos referencias al libro de Pasternak «Воздушные пути» [*Vosdúshnye putí*], 'Los caminos del aire', y al almanaque del mismo nombre (*Aereal Ways* en inglés), editado en Nueva York en la década de 1960 bajo la dirección de Román N. Grinberg, donde se publicaron poemas no solo del propio Pasternak, sino también de Mandelstam y *Poema sin héroe* de Ajmátova. Por su parte, la «rama de sauco» de la tercera estrofa nos remite al poema del mismo nombre escrito por Marina Tsvietáieva en sus años de residencia en Francia, un poema que canta al jardín de la dacha familiar en Tarusa, donde la familia Tsvietáiev pasaba la temporada estival.

LOS TRADUCTORES

ÍNDICE

Esta edición de *Mandelstam*, compuesta en tipos
AGaramond 12,5 /18 sobre papel offset Natural de Vilaseca
de 90 c̲, se acabó de imprimir en Salamanca el día 15 de
enero de 2020, aniversario del nacimiento de
Ósip Mandelstam